Date: 6/29/17

**SP J 577.6 HAN
Hansen, Grace,
Biomas acuáticos /**

PALM BEACH COUNTY
LIBRARY SYSTEM
3650 SUMMIT BLVD.
WEST PALM BEACH, FL 33406

Biomas acuáticos

Grace Hansen

Abdo
BIOMAS
Kids

abdopublishing.com

Published by Abdo Kids, a division of ABDO, PO Box 398166, Minneapolis, Minnesota 55439.
Copyright © 2017 by Abdo Consulting Group, Inc. International copyrights reserved in all countries.
No part of this book may be reproduced in any form without written permission from the publisher.
Printed in the United States of America, North Mankato, Minnesota.
102016
012017

 THIS BOOK CONTAINS RECYCLED MATERIALS

Spanish Translator: Maria Puchol
Photo Credits: AP Images, iStock, Shutterstock
Production Contributors: Teddy Borth, Jennie Forsberg, Grace Hansen
Design Contributors: Laura Mitchell, Dorothy Toth

Publisher's Cataloging-in-Publication Data
Names: Hansen, Grace, author.
Title: Biomas acuáticos / by Grace Hansen.
Other titles: Freshwater biome. Spanish
Description: Minneapolis, MN : Abdo Kids, 2017. | Series: Biomas | Includes
    bibliographical references and index.
Identifiers: LCCN 2016948045 | ISBN 9781624026874 (lib. bdg.) |
    ISBN 9781624029110 (ebook)
Subjects: LCSH: Freshwater ecology--Juvenile literature. | Spanish language
    materials--Juvenile literature.
Classification: DDC 577.6--dc23
LC record available at http://lccn.loc.gov/2016948045

Contenido

¿Qué es un bioma?..........4

Biomas acuáticos...........6

Plantas....................16

Animales..................20

Cosas típicas de
un bioma acuático..........22

Glosario...................23

Índice.....................24

Código Abdo Kids...........24

¿Qué es un bioma?

Un bioma es un espacio grande de tierra. Tiene cierto tipo de plantas, animales y clima.

desierto

bosque

Biomas acuáticos

Los biomas acuáticos son importantes para la Tierra. Este agua sólo tiene un 1% de sal. Son **fuentes** de agua potable.

Los charcos y los lagos son biomas de aguas quietas. Algunos son muy pequeños. Otros son enormes. ¡El lago Superior mide 31,000 millas cuadradas (80,000 km^2)!

Hay charcos y lagos en todo el mundo. La temperatura del agua varía. Algunos lagos se mantienen calientes o fríos todo el año. La temperatura del agua cambia en los lugares donde hay cambios de estación.

Los ríos y los arroyos son biomas de agua dulce en movimiento. El agua se mueve en una dirección.

El agua es transparente en el nacimiento del río. Río abajo hay muchas plantas y animales. El agua va arrastrando muchas cosas a su paso. El agua es **turbia** en su **desembocadura**.

Plantas

Las plantas son una parte importante en los biomas de agua dulce. Son hábitat y alimento para los animales. Además, estas plantas producen **oxígeno**.

Ciertas plantas sólo **se desarrollan** en biomas acuáticos. Los nenúfares flotan en el agua. Tienen hojas grandes y planas que absorben la luz del sol. Sus tallos pueden medir hasta 7 pies (2m) de largo.

Animales

Ciertos animales se desarrollan muy bien en agua dulce. Las nutrias de río son expertas nadadoras. Tienen pies palmeados y el pelo es resistente al agua. Tienen mucha grasa para mantenerse calientes.

Cosas típicas de un bioma acuático

animales	plantas
 castor	 espadaña
 libélula	 juncos
 pato	 lenteja de agua

Glosario

clima – condiciones meteorológicas normales de una zona durante largos períodos de tiempo.

desarrollarse – prosperar o funcionar bien.

desembocadura – lugar donde un río se junta con el océano.

fuente – nacimiento de un chorro de agua.

oxígeno – elemento químico del aire, necesario para vivir.

quieto – que no se mueve.

turbio – oscuro o poco claro.

Índice

animal 4, 14, 16, 20

arroyo 12

charco 8, 10

clima 4, 10

estaciones 10

hábitat 16

lago 8, 10

lago Superior 8

mover 12

oxígeno 16

planta 4, 14, 16, 18

quieto 8

río 12, 14

sal 6

abdokids.com

¡Usa este código para entrar en abdokids.com y tener acceso a juegos, arte, videos y mucho más!

Código Abdo Kids:
BFK5024